# Inhalt

## Geschäftsberichte - die wichtigsten Inhalte und deren Nutzen

Kernthesen

Beitrag

Fallbeispiele

Weiterführende Literatur

Impressum

GENIOS WirtschaftsWissen Nr. 05/2006 vom 23.05.2006

# Geschäftsberichte - die wichtigsten Inhalte und deren Nutzen

*I. Lukmann*

## Kernthesen

- Geschäftsberichte enthalten Informationen zu den wirtschaftlichen Kennzahlen eines Unternehmens für das jeweils vergangene Geschäftsjahr; dies ermöglicht es Investoren und Anteilseignern, sich über den aktuellen Stand sowie die künftigen Entwicklungen des Unternehmens ein Bild zu machen. (1), (9), (10), (16)
- Das neue Gesetz zur Offenlegung von Vorstandsgehältern verpflichtet alle börsennotierten Aktiengesellschaften dazu, zukünftig detaillierte Angaben zu den

Bezügen ihrer Vorstände zu machen. (9), (10)
- Leistungsindikatoren zu Umwelt- und Sozialaspekten werden aufgrund der neuen Bilanzvorschriften des International Financial Reporting Standard (IFRS) zunehmend in Geschäftsberichten angeführt. (10), (15), (20)

# Beitrag

Unternehmen veröffentlichen Geschäftsberichte, um Anteilseigner und die Öffentlichkeit über Erfolge oder Misserfolge des vergangenen Geschäftsjahres zu informieren. Hinzu kommt, dass mit Hilfe der dargestellten Angaben Anteilseigner und die Öffentlichkeit abschätzen können, wie die zukünftige Strategie des Unternehmens aussehen und wie Erfolg versprechend das kommende Geschäftsjahr sein könnte.

In Deutschland sind nicht alle Unternehmen dazu verpflichtet, ihre Geschäftszahlen zu veröffentlichen. Diese so genannte Publizitätspflicht gilt für alle Kapitalgesellschaften in Deutschland. (1), (9), (10)

# Bestandteile eines Geschäftsberichtes

Kernelemente eines Geschäftsberichts sind beispielsweise: Allgemeine Informationen, Bilanz, Gewinn- und Verlustrechnung, Ergebnisverwendung, Eigenkapitalspiegel, Kapitalflussrechnung, Anhang sowie ein Lagebericht, der einen Ausblick auf das kommende Geschäftsjahr mit den zu erwartenden Entwicklungen (wie zum Beispiel Verbesserung des Ergebnisses, Reorganisation des Standortes oder Umsatz- und Ertragssteigerung) vermittelt.

In den verschiedenen Kernelementen eines Geschäftsberichts sollten unter anderem folgende Kennzahlen des Konzerns angeführt werden: Umsatzerlöse, Konzernergebnis, Cashflow, Bilanzsumme, Eigenkapital, Investitionen, Gewinn und Mitarbeiterstand.

Unternehmen haben bei der Angabe ihrer Kennzahlen und Informationen einen weiten Spielraum. Ein Geschäftsbericht ist daher umso verständlicher, je höher der Transparenzgrad der Datenangaben des Unternehmens ist. Dies hängt maßgeblich davon ab, wie die Ausrichtung der Informationspolitik eines Unternehmens ist. (5), (6), (14), (16)

# Angaben zu den Bereichen Umwelt und Soziales

In Geschäftsberichten werden zunehmend auch Informationen zu den Bereichen Umwelt und Soziales angeführt. Indikatoren sind dabei beispielsweise die Fluktuation der Beschäftigten, die Vergütungsstruktur, die Fortbildungsangebote sowie Emissionswerte, Umweltaudits und der Energieverbrauch.

So genannte Richtlinien für Nachhaltigkeitsberichte der Global Reporting Initiative (GRI) sind bei der Umsetzung der genannten Indikatoren in den Geschäftsberichten hilfreich. Grundlage der Integration der neuen Indikatoren sind veränderte Bilanzvorschriften, die die Berichterstattung internationalisieren sollen: den so genannten International Financial Reporting Standard (IFRS). Diese Indikatoren sind für das Verständnis der Unternehmensentwicklung durchaus von Bedeutung und werden daher auch im Lagebericht unter der Position nicht-finanzielle Leistungsindikatoren dargestellt. Unter Experten werden diese Indikatoren auch extra-finanziell genannt, da sie mittelbar Auswirkungen finanzieller Natur haben können vor allem für Investoren, da durch die Information der Nachhaltigkeitsindikatoren deutlich werden kann, wie das Risikomanagement eines Unternehmens in Zukunft aussieht. (15)

# Ausweis des Humankapitals im Geschäftsbericht

Die Kennzahlen des Humankapitals im Geschäftsbericht sind vor allem Personalbestand, Altersstruktur, Daten zur Mitarbeiterstruktur oder Daten zu freiwilligen Lohnbestandteilen, welche im Folgenden näher erläutert werden.

# Personalbestand

Diese Kategorie wird von den berichtenden Unternehmen unterschiedlich gehandhabt. So beschreiben einige Unternehmen ausführlich die Personalstruktur ihres Unternehmens, die durchschnittliche oder Stichtagsbezogene Anzahl ihrer Mitarbeiter, eine Gliederung des Personalstandes nach In- und Ausland sowie eine Aufteilung der Mitarbeiter nach Geschlecht.

# Altersstruktur

Die Altersstruktur wird in der Regel durch die Angabe des Durchschnittsalters der Mitarbeiter angezeigt. Manchmal weisen Unternehmen jedoch auch eine genaue Auflistung nach Altersklassen auf.

# Daten zur Mitarbeiterstruktur

Hierbei werden beispielsweise Daten zur Fluktuationsrate oder Angaben zum Anteil von Schwerbehinderten im Unternehmen angeführt.

# Freiwillige Lohnbestandteile

Die Berichterstattung zum Thema freiwillige Lohnbestandteile werden von den einzelnen Unternehmen unterschiedlich transparent gestaltet. Teilweise werden die leistungsorientierten Vergütungsmodelle detailliert beschrieben. Inhaltlich wird vor allem zum Thema betriebliche Altersvorsorge sowie zu den ergebnisorientierten Entgeltsystemen des Unternehmens Informationen ausgegeben. Außerdem führen einige Unternehmen auch Informationen zu Aktienoptionsplänen oder Belegschaftsaktien ihrer Mitarbeiter an. (10)

# Vorstandsvergütungsoffenlegungs

Das neue Gesetz zur Offenlegung von Vorstandsgehältern wird schon für das jetzige Geschäftsjahr d.h. für alle kommenden Geschäftsberichte (spätestens Frühjahr 2007) Gültigkeit besitzen. Laut Gesetz sind alle börsennotierten Aktiengesellschaften dazu verpflichtet, die genauen Bezüge Ihrer Vorstände respektive Geschäftsführer in Zukunft zu benennen (d.h. alle erfolgsabhängigen und -unabhängigen Bestandteile der Vergütung, sowie die Veröffentlichung der zugestandenen Abfindungen bei Ausscheiden eines Vorstandsmitgliedes). Im vergangenen Geschäftsjahr haben dies auf freiwillig verpflichtender Basis von 30 Dax-Unternehmen gerade Mal 18 Gesellschaften getan. Eine freiwillige Offenlegung der Vorstandsgehälter ist vor allem an Unternehmen wie BMW, DaimlerChrysler, Porsche, BASF sowie dem Versicherer Münchner Rück gescheitert.

Das vorliegende Gesetz bietet jedoch die Möglichkeit eines Schlupfloches: Die individualisierte Auflistung der Vorstandsgehälter kann umgangen werden, wenn eine Dreiviertelmehrheit der auf einer

Hauptversammlung vertretenen Aktien zustimmen, dass die Gehälter nicht offen gelegt werden sollen. Diese so genannte Opting-out-Klausel ermöglicht es den Unternehmen, mit Hilfe der Großaktionäre, denen in der Regel die Gehälter des Vorstands ohnehin bekannt sind, eine Offenlegung der Vorstandsbezüge zu verhindern. In Zukunft wird ein Verstoß gegen die gesetzliche Transparenzpflicht mit Bußgeldern von bis zu 50.000 Euro pro Vorstand geahndet. (9), (10)

## Geschäftsbericht zwischen PR und Marketinginstrument

Der Geschäftsbericht stellt eine faktenorientierte Werbemaßnahme dar. Das heißt, dass bei dieser Form der Werbung auf Inhalte gesetzt wird und nicht wie im Falle der allgemeinen Werbung auf eine Illusion von Werten. Dabei sind die Ziele ähnlich: Der Werbende, die Marke sowie dessen Marktziel soll nach Außen hin deutlich werden. Dabei sind potenzielle Investoren die gewünschte Zielgruppe einer solchen PR- bzw. Werbemaßnahme. Gerade internationale Investoren benötigen detaillierte Auskünfte zu Marke und Unternehmen um sich adäquat informieren zu können. Hierzu sind Geschäftsberichte ein ideales

Kommunikationsmedium, da sie Informationen wie Bilanzsumme, Eigenkapital, Betriebsergebnis und Jahresüberschuss sowie Aktiv- und Passivneugeschäft beinhalten. (2), (7), (11), (12)

## Fallbeispiele

Der Geschäftsbericht des Ingolstädter Automobilherstellers Audi ist in diesem Jahr als Magazin herausgebracht worden. Die bisher üblichen Bestandteile wie Lagebericht und Konzernabschluss eines Geschäftsberichts werden zum ersten Mal auf eine innovative Weise um einige Inhalte erweitert: Interessante Geschichten von Bestsellerautoren wie Donna Leon oder Paul Coehlo über Bewegung und Mobilität, Promi-Interviews wie mit Basketballprofi Dirk Nowitzki und Bayern-München-Trainer Felix Magath, die über Technik und Motivation Auskunft geben und vielen weiteren Reportagen. (2), (3), (4)

Im aktuellen Wörterbuch für Geschäftsberichte des Autors Reinhold Falkner können Informationen zu den Themen Geschäftsstrategie, Aktien, Corporate Governance, Lagebericht, Finanzdaten oder Abschlussprüfung nachgeschlagen werden. (17)

# Weiterführende Literatur

(1) VPRT: Geschäftsbericht 2005/2006
aus Medienbote, Ausgabe 427/2006, Vol. 3, S. 10

(2) Geschäftsbericht als PR-Instrument Wenn Donna Leon Bilanz zieht
aus HANDELSBLATT online 06.03.2006 10:37:17

(3) Audi Geschäftsbericht als Magazin
aus horizont.net vom 20.02.2006

(4) Audi: Geschäftsbericht als buntes Magazin Mit Interviews, Fotos und Reportagen will Pkw-Hersteller Audi seinen Geschäftsbericht 2005 attraktiver machen. Die "harten Fakten" kämen aber nicht zu kurz, heißt es aus dem Konzern.
aus MOTOR-INFORMATIONS-DIENST vom 20.Februar 2006

(5) Werbung für den Geschäftsbericht
aus Börsen-Zeitung, 10.01.2006, Nummer 6, Seite 8

(6) Städtische Firmen Transparentere Geschäftsberichte
aus Hamburger Abendblatt, 02.01.2006, Nr. 1, S. 12

(7) "Der Geschäftsbericht ist wichtigstes Kommunikationsmedium"
aus Immobilien & Finanzierung - Der Langfristige Kredit 23 vom 01.12.2005 Seite 840

(8) Aktionärsverband rügt Dax-Konzerne DSW vergibt schlechte Noten für Geschäftsberichte · Gehälter bleiben intransparent
aus Financial Times Deutschland vom 14.11.2005, Seite 21

(9) Versteckspiel im Geschäftsbericht
aus Süddeutsche Zeitung, 12.11.2005, Ausgabe Deutschland, S. 22

(10) Human Resource im Geschäftsbericht
aus Personal Nr. 11 vom 01.11.2005 Seite 022

(11) Rudi Keller: Der Professor für Linguistik über die unverständliche Sprache der Wirtschaft Geschäftsberichte - häufig viel zu kompliziert Vor allem Börsenneulinge tun sich mit den wichtigen Publikationen schwer. Tips vom Experten.
aus Hamburger Abendblatt, 27.10.2005, Nr. 251, S. 28

(12) Geschäftsberichte der Dax-Konzerne verwirren häufig die Aktionäre
aus Handelsblatt Nr. 206 vom 25.10.05 Seite 1

(13) Ein dickerer Geschäftsbericht ist nicht automatisch besser Untersuchung in Deutschland offenbart Informationsdefizite – Risikoeinschätzung gewinnt an Bedeutung
aus Finanz und Wirtschaft, Seite 37

(14) Schrittweise zum Geschäftsbericht
aus Computerwoche, 16.09.2005, Nr. 37 Seite 21

(15) Umwelt- und Sozialthemen werden immer öfter in Geschäftsberichte integriert – nicht nur aus kosmetischen Gründen Frankreichs Konzerne gehen voran
aus HANDELSBLATT online 20.5-.8-01 14:49:14

(16) Geschäftsberichte Werbung mit der Langeweile
aus Bank und Markt 07 vom 01.07.2005 Seite 009

(17) Wörterbuch für Geschäftsberichte
aus CHEManager Ausgabe 12 vom 30.06.2005 Seite 015

(18) Dicke Wälzer sind oft nicht lesenswert Geschäftsberichte
aus Financial Times Deutschland vom 21.06.2005, Seite 28

(19) Deutsche Geschäftsberichte laut Studie viel zu unklar
aus DIE WELT, 18.06.2005, Nr. 140, S. 37

(20) Geschäftsberichte als Ärgernis Studie: Jahresreporte immer länger und wenig transparent
aus Lausitzer Rundschau vom 18.06.2005

# Impressum

## Geschäftsberichte - die wichtigsten Inhalte und deren Nutzen

**Bibliografische Information der deutschen Nationalbibliothek**

Die Deutsche Nationalbibliothek verzeichnet diese Publikation in der deutschen Nationalbibliografie; detaillierte bibliografische Daten sind im Internet über http://dnb.d-nb.de abrufbar.

ISBN: 978-3-7379-0186-4

© 2015 GBI-Genios Deutsche Wirtschaftsdatenbank GmbH, Freischützstraße 96, 81927 München, www.genios.de

Alle Rechte vorbehalten. Dieses Werk ist einschließlich aller seiner Teile – z.B. Texte, Tabellen und Grafiken - urheberrechtlich geschützt. Jede Verwertung außerhalb der Grenzen des Urheberrechtsgesetzes bedarf der vorherigen Zustimmung des Verlags. Dies gilt insbesondere auch für auszugsweise Nachdrucke, fotomechanische

Vervielfältigungen (Fotokopie/Mikroskopie), Übersetzungen, Auswertungen durch Datenbanken oder ähnliche Einrichtungen und die Einspeicherung und Verarbeitung in elektronischen Systemen.